school - yachay wasi	2
travel - ch'usay	5
transport - astana	8
city - llaqta	10
landscape - wanlla	14
restaurant - mikhuna wasi	17
supermarket - jatun qhatu	20
drinks - upyanakuna	22
food - mikhuna	23
farm - chakra wasi	27
house - wasi	31
living room - k'illi wanlla	33
kitchen - wayk'una wasi	35
bathroom - akana wasi	38
child's room - wawa k'uchu	42
clothing - p'acha	44
office - ujisina	49
economy - qullqikamay	51
occupations - llamk'aykuna	53
tools - ruk'awi	56
musical instruments - takichiy nakuna	57
zoo - jatun uywa kancha	59
sports - atipanaku pukllay	62
activities - ruwakuna	63
family - yawar masikuna	67
body - uqhu	68
hospital - Jampina wasi	72
emergency - urjinsia	76
Earth - Pacha	77
clock - phani (kuna)	79
week - qanchischaw	80
year - wata	81
shapes - pacha tupusqa rikch'ay	83
colours - llimp'ikuna	84
opposites - wakjinakuna	85
numbers - yupaykuna	88
languages - simikuna	90
who / what / how - pi / ima / imayna	91
where - maypi	92

AF168631

Impressum
Verlag: BABADADA GmbH, Nedderfeld 112 , 22529 Hamburg
Geschäftsführer / Verlagsleitung: Harald Hof
Druck: Books on Demand GmbH, In de Tarpen 42, 22848 Norderstedt

Imprint
Publisher: BABADADA GmbH, Nedderfeld 112 , 22529 Hamburg, Germany
Managing Director / Publishing direction: Harald Hof
Print: Books on Demand GmbH, In de Tarpen 42, 22848 Norderstedt

school
yachay wasi

- divide — rak'iy
- board — pirqa qillqana
- classroom — yachaqaywasi
- school yard — kancha
- teacher — yachachiq
- paper — raphi
- write — qillqay
- pen — qillqana
- desk — llamk'a jamp'ara
- ruler — chiqanchana
- book — p'anqa
- pupil — yachaqaq

satchel
wayaqa

pencil case
p'uktaki llimp'i qillqana

pencil
yana qillqana

pencil sharpener
ñawch'ina

rubber
qillqakhituna

drawing pad
qillqana p'anqa siq'inapaq

drawing	paintbrush	paint box
siq'i	chukcha llimp'ina	p'uktaki llimp'ikuna

scissors	glue	exercise book
k'utuna	k'akachana	qillqana p'anqa ruwanakuna

homework	number	add
kamachinakuna	yupay	yapay

subtract	multiply	calculate
qhichuqay	mirachay	yupanchay

letter	alphabet	word
sanampa	sanampakuna	simi rimay

school - yachay wasi

text qillqa	read ñawiriy	chalk iskuna
	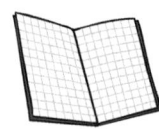	
lesson yachachina	register qillqana p'anqacha	exam chaninchana

certificate certificaru	school uniform uniforme	education yachay

encyclopedia jatun simi pirwa	university Jatun yachaywasi	microscope microscopio
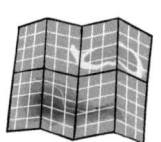		
map saywa siq'i	waste-paper basket raphi chuqana	

school - yachay wasi

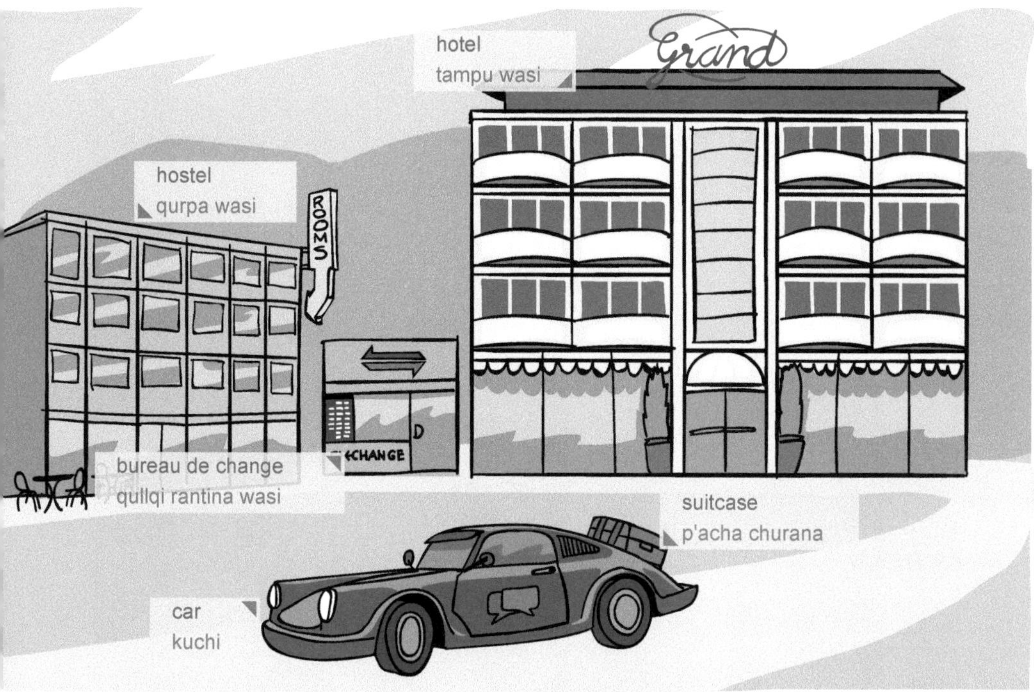

travel
ch'usay

- hotel — tampu wasi
- hostel — qurpa wasi
- bureau de change — qullqi rantina wasi
- suitcase — p'acha churana
- car — kuchi

language
simi

yes / no
ari / mana

Okay
ari

hello
Imaynalla

translator
tikraq

Thank you
Pachi

travel - ch'usay

how much is...?
¡Machkhataq?

I do not understand
Mana yachanichu

problem
ch'ampay

Good evening!
¡Allin tuta!

Good morning!
¡Allin P'unchaw!

Good night!
¡Allin tuta!

bye bye
tinkunakama

direction
pusachay wasi

luggage
q'ipi

bag
wayaqa

backpack
wasa wayaqa

guest
jamuynisqa

room
wasi

sleeping bag
puñunapaq wayaqa

tent
tienda

travel - ch'usay

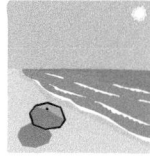

tourist information	beach	credit card
turismu willakuy	quchapata	tarjita kriditumanta

breakfast	lunch	dinner
paqarin mikhuy	chawpi p'unchaw mikhuy	tuta mikhuy

ticket	lift	stamp
qullqi	makina wicharinapaq	unanchana

border	customs	embassy
saywa	adwana	imwajada

visa	passport
visa	pasapurti

travel - ch'usay

transport
astana

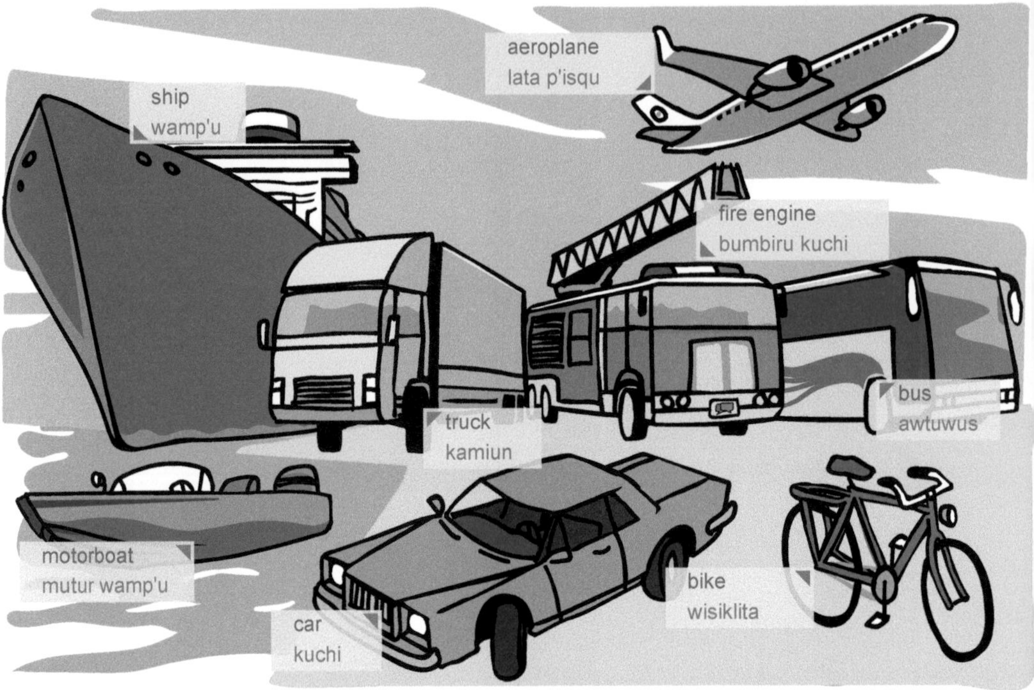

aeroplane
lata p'isqu

ship
wamp'u

fire engine
bumbiru kuchi

truck
kamiun

bus
awtuwus

motorboat
mutur wamp'u

car
kuchi

bike
wisiklita

ferry
quchacha

boat
wamp'u

motorbike
mutu

police car
pulisiyap autun

racing car
usqay karru

rental car
kuchi manukuna

car sharing
kuchi manu

breakdown truck
grua

refuse truck
q'upa kamiun

motor
mutur

fuel
gasulina

petrol station
gasulinamanta istasiun

traffic sign
chakatana sanampa

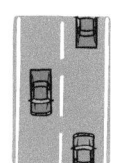

traffic
trajiku

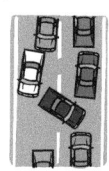

traffic jam
chakatana

car park
istasiun

train station
trin estasiun

tracks
ñankuna

train
trin

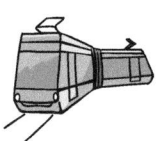

tram
tranwia

carriage
wagun

transport - astana

helicopter
ilikuptiru

airport
lata p'isqu kiti

tower
pukara

passenger
pasaqlla

container
jatun p'uktaki

carton
karton p'uktaki

cart
kapachu

basket
isanka

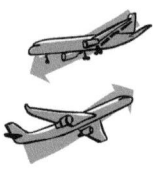
take off / land
phaway / uray

city
llaqta

village
llaqta

city centre
chawpi jatun llaqta

house
wasi

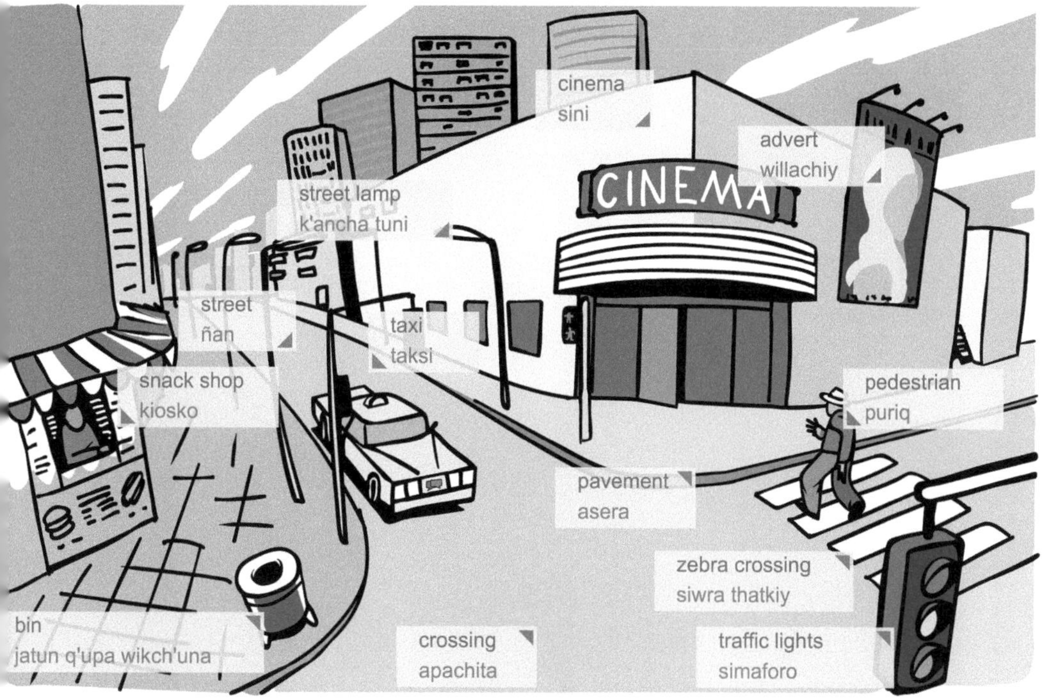

cinema
sini

advert
willachiy

street lamp
k'ancha tuni

street
ñan

taxi
taksi

snack shop
kiosko

pedestrian
puriq

pavement
asera

zebra crossing
siwra thatkiy

bin
jatun q'upa wikch'una

crossing
apachita

traffic lights
simaforo

hut
ch'ullka

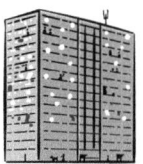

flat
apartamento

train station
trin estasiun

town hall
tantanakuy wasi

museum
rikuchina wasi

school
yachay wasi

city - llaqta

university
Jatun yachaywasi

bank
qullqi pirwa

hospital
Jampina wasi

hotel
tampu wasi

pharmacy
jampi ranqhana wasi

office
ujisina

book shop
p'anqa pirwa

shop
tienda

florist's
t'ika wasi

supermarket
jatun qhatu

market
qhatu

department store
jatun pirwa

fishmonger's
challwa wasi

shopping centre
jatun rantina wasi

harbour
wamp'u qhispinan

city - llaqta

park
jark'asqa chiqan

bench
qullqi pirwa

bridge
chaka

stairs
wichana

underground
metro

tunnel
suqhu

bus stop
autuwus sayana

bar
bar

restaurant
mikhuna wasi

postbox
willa qillqa juch'uy wanqara

street sign
t'uqsi tuni

parking meter
parkimetro

zoo
jatun uywa kancha

swimming pool
armakuna

mosque
meskita

city - llaqta

farm
chakra wasi

pollution
pacha unquchiq

graveyard
Aya pampa

church
iñiy wasi

playground
pukllana kancha

temple
Qhapana

landscape
wanlla

- leaf — raphi
- signpost — sanampa
- way — ñan
- meadow — waylla
- hiker — puriq runa
- stone — rumi
- tree — sach'a
- river — mayu
- grass — sach'a
- flower — t'ika

valley
qhichwa

hill
muqu

lake
qucha

forest
Sach'a sach'a

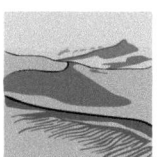
desert
purun

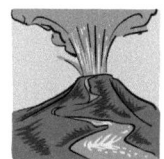
volcano
nina phuqchiq urqu

castle
kastilla wasi

rainbow
k'uychi

mushroom
champiñun

palm tree
chunta

mosquito
ch'uspi

fly
ch'uspi

ant
sik'imira

bee
wara

spider
kusi kusi

landscape - wanlla

beetle
ch'iqi

frog
k'ayra

squirrel
artilla

hedgehog
askanku

hare
liwre

owl
ch'usiqa

bird
p'isqu

swan
yuku p'isqu

boar
sintiru

deer
sierwu

moose
alsi

dam
waykhasqa

wind turbine
wayrakallpa

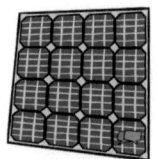

solar panel
inti panil

climate
pacha wayra

landscape - wanlla

restaurant
mikhuna wasi

waiter
wayna yanapaq

menu
menu

chair
tiyana

pizza
pitsa

soup
supa

cutlery
tumina

tablecloth
mast'a jamp'ara

starter
ñawpaq mikhuna

main course
yari mikhuna

dessert
mikhuy yapa

drinks
upyanakuna

food
mikhuna

bottle
wutilla

fast food
saqra ura

street food
kalli mikhuna

teapot
te churana

sugar bowl
misk'i churana

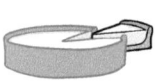

portion
chhika

espresso machine
cajitira iksprisu

high chair
jatun tiyana

bill
yupay

tray
bandija

knife
tumi

fork
tinidur

spoon
wislla uña

teaspoon
juch'uy wislla uña

serviette
simi pichana

glass
qhispi akilla

restaurant - mikhuna wasi

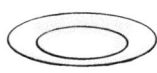

plate

chuwa

soup plate

chuwa

saucer

chuwa

sauce

salsa

salt pot

kachi churana

pepper mill

pimienta kutana

vinegar

k'allkucha

oil

llukllu

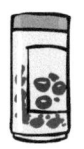 

spices

ch'aki q'mirkuna

ketchup

ketchup

mustard

mostaza

mayonnaise

mayonisa

restaurant - mikhuna wasi

supermarket

jatun qhatu

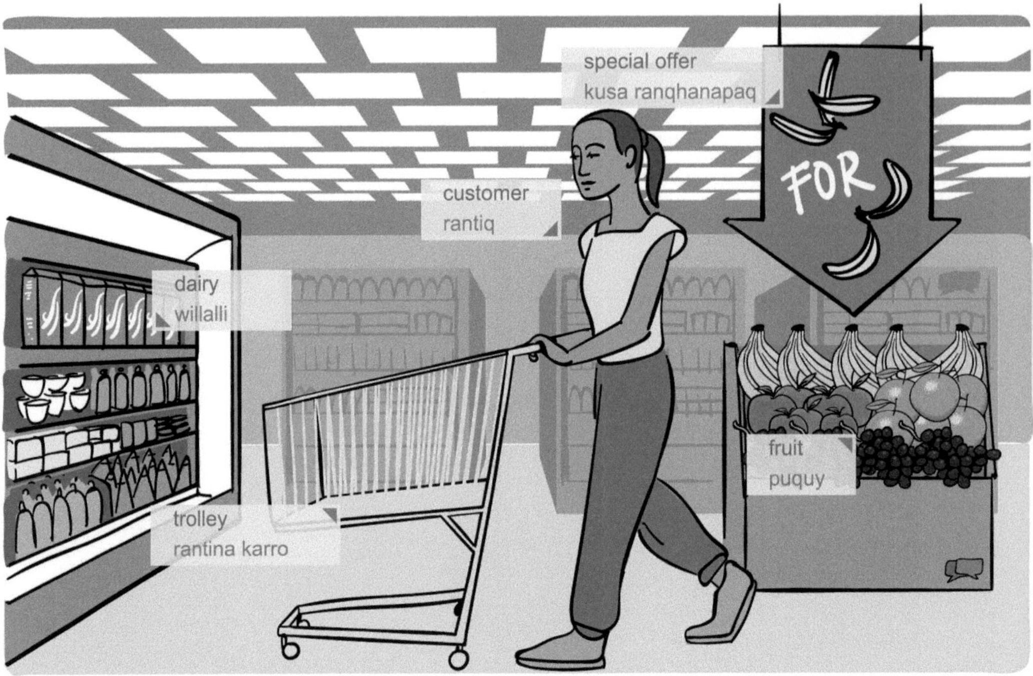

special offer
kusa ranqhanapaq
FOR
customer
rantiq
dairy
willalli
fruit
puquy
trolley
rantina karro

BUTCHERS

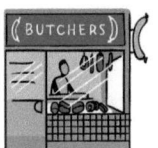

butcher´s

aicha wasi

BAKERY

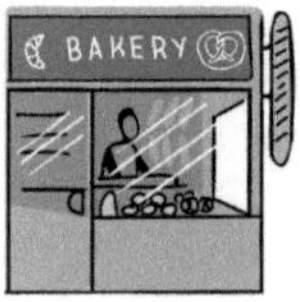

baker´s

t'anta wasi

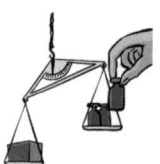

weigh

llasay

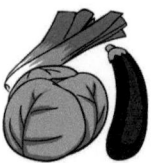

vegetables

q'umirkuna

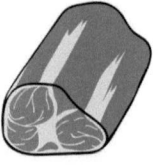

meat

aycha

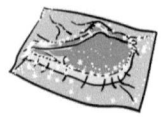

frozen food

chhullunka mikhuna

cold meat
quqawi

tinned food
mikhuna unaychasqa

washing powder
ditirjinti

sweets
misk'ikuna

household products
wasimanta pruduktu

cleaning products
maylla produkto

salesperson
ranqhaq

till
kartun p'uktaki

cashier
kajiru

shopping list
sinru qillqa rantina

opening hours
sumaq runa uyarina phani

wallet
qullqi wayaqa

credit card
tarjita kriditumanta

bag
plastiko wayaqa

plastic bag
plastiku wayaqa

supermarket - jatun qhatu

drinks
upyanakuna

water

yaku

juice

jilli

milk

ch'awa

coke

coca cola

wine

vino

beer

sirwisa

alcohol

alkula

cocoa

kakawu

tea

te

coffee

caji

espresso

ieksprisu

cappuccino

capuchinu

food
mikhuna

banana
platanu

apple
mansana

orange
laranja

melon
milun

lemon
limun

carrot
sanawrya

garlic
aju

bamboo
wamwu

onion
siwulla

mushroom
champiñun

nuts
awillana

noodles
jirius

spaghetti
ispawiti

rice
arrus

salad
sarsa

chips
papa kanka

fried potatoes
papa kanka

pizza
pitsa

hamburger
amwirkisa

sandwich
sanwich

cutlet
jiliti

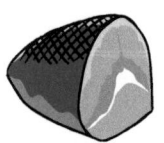

ham
jamun

salami
salami

sausage
salchicha

chicken
chichilu

roast
aycha kanka

fish
challwa

porridge oats

p'aqa awina

muesli

muesli

cornflakes

p'aqa sara

flour

jak'u

croissant

krwasan

bread roll

k'awka

bread

t'anta

toast

t'anta jamk'a

biscuits

khamuna

butter

mantikilla

curd

ñuqñu

cake

pastil

egg

runtu

fried egg

runtu kanka

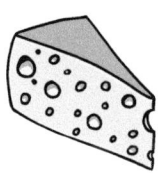

cheese

masara

food - mikhuna

ice cream	sugar	honey
chullunka misk'i	misk'i	wayrunq'u misk'i

jam	chocolate spread	curry
mirmilara	krima turrunmanta	kurri

farm
chakra wasi

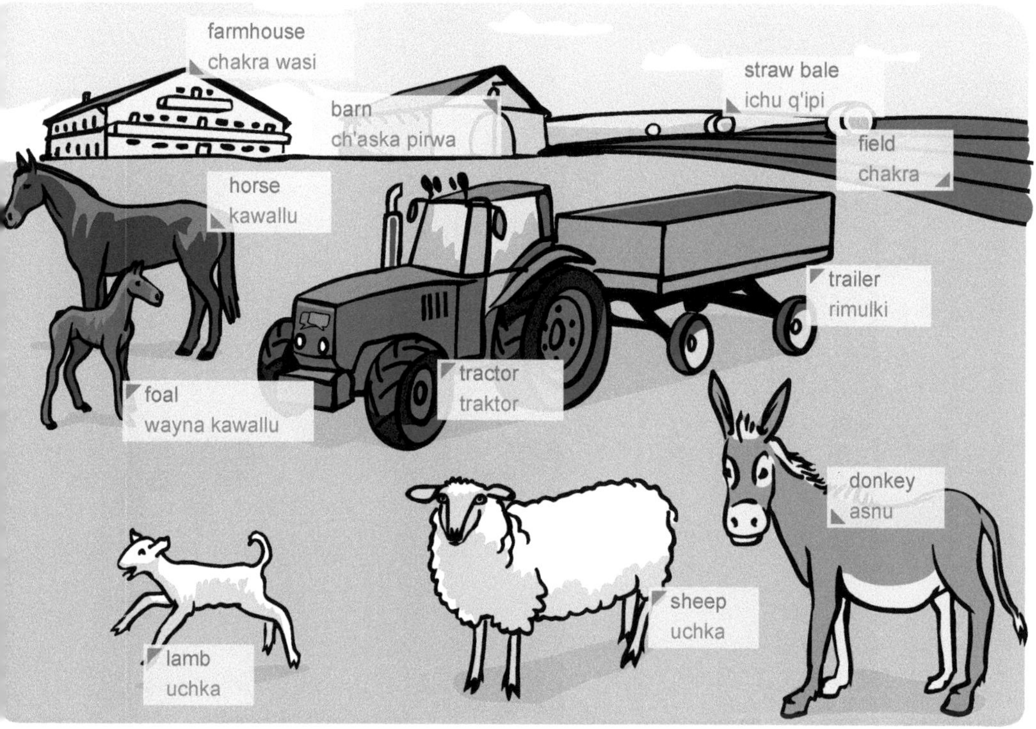

farmhouse — chakra wasi
barn — ch'aska pirwa
straw bale — ichu q'ipi
field — chakra
horse — kawallu
trailer — rimulki
foal — wayna kawallu
tractor — traktor
donkey — asnu
sheep — uchka
lamb — uchka

goat
karwa

cow
waka

calf
waka uña

pig
khuchi

piglet
khuchi uña

bull
turu

goose
wallata

duck
pili

chick
chchilu

hen
wallpa

cock
k'anka

rat
jatun juk'ucha

cat
misi/michi

mouse
juk'ucha

ox
turu

dog
alqu

doghouse
alquwasi

garden hose
mankira

watering can
qarpana jalp'a

scythe
rutuna

plough
taklla

sickle
rutuna

hoe
liwk'ana

pitchfork
sipina

axe
ayri

wheelbarrow
kapachu

trough
yaku upyana

milk can
willalli purunku

sack
jatun wayaqa

fence
jark'aq ch'ipa

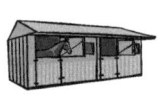

stable
kancha wasi

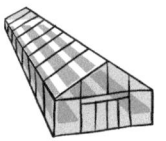

greenhouse
inwirnadiru

soil
pampa

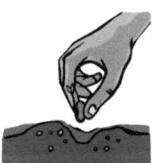

seed
muju

fertilizer
wanu

combine harvester
makina allana

farm - chakra wasi

harvest
allay

harvest
allay

yams
ñame

wheat
tiriwu

soy
soya

potato
papa

corn
sara

rapeseed
kulsa luru

fruit tree
wayu sach'a

cassava
mandiuka

cereals
ch'aki puquy

house
wasi

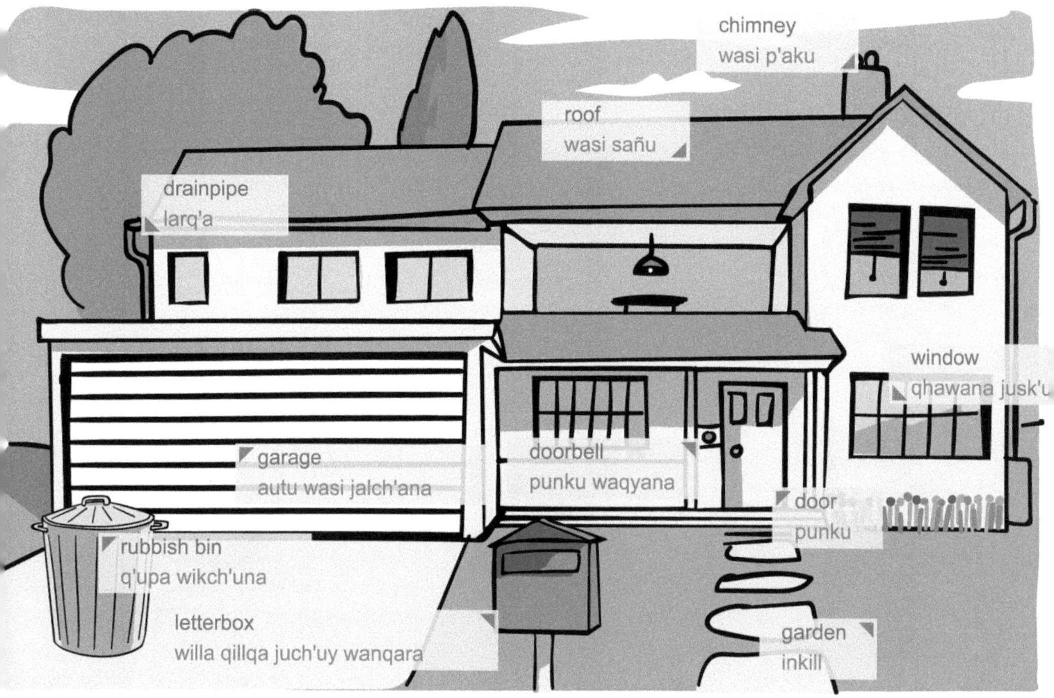

- chimney — wasi p'aku
- roof — wasi sañu
- drainpipe — larq'a
- window — qhawana jusk'u
- garage — autu wasi jalch'ana
- doorbell — punku waqyana
- door — punku
- rubbish bin — q'upa wikch'una
- letterbox — willa qillqa juch'uy wanqara
- garden — inkill

living room
k'illi wanlla

bathroom
akana wasi

kitchen
wayk'una wasi

bedroom
puñuna wasi

child's room
wawa k'uchu

dining room
mikhuna k'uchu

house - wasi

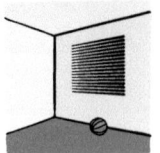

floor
pampa

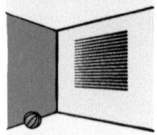

wall
pirqa

ceiling
wasip khatan

cellar
wasi ukhun

sauna
sawna

balcony
walkun

terrace
pirqa

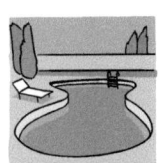

pool
armakuna

lawn mower
k'achina

sheet
iqana

bedspread
khatana

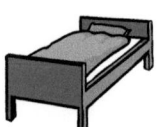

bed
puñuna

broom
pichana

bucket
yaku aysana

switch
k'ancha jap'ichiq

house - wasi

living room
k'illi wanlla

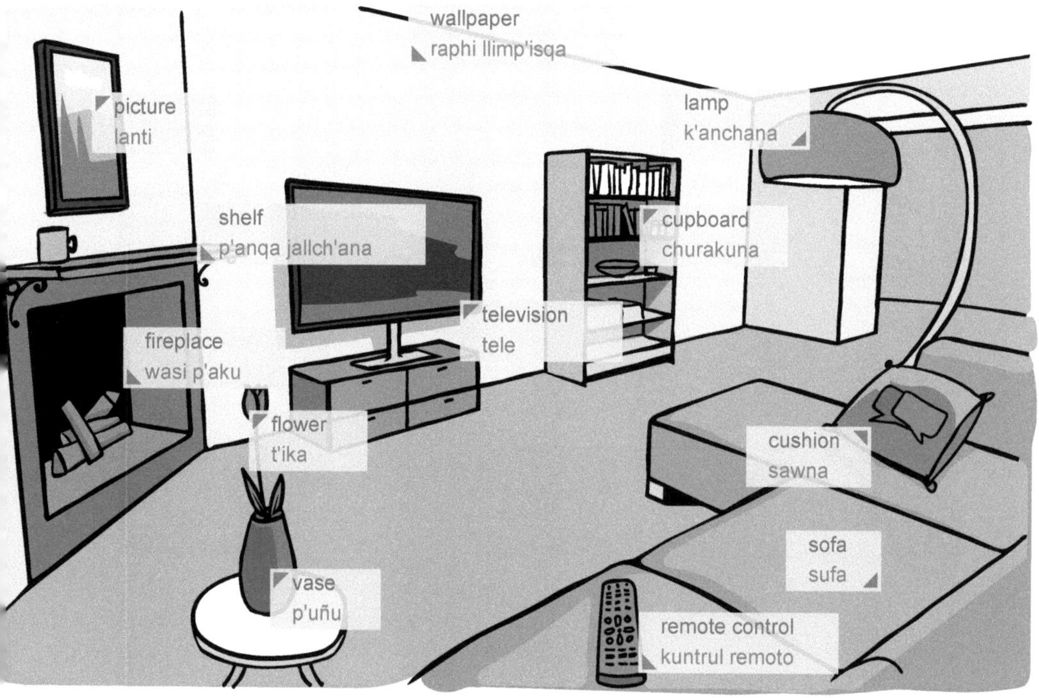

- picture — lanti
- wallpaper — raphi llimp'isqa
- lamp — k'anchana
- shelf — p'anqa jallch'ana
- cupboard — churakuna
- fireplace — wasi p'aku
- television — tele
- flower — t'ika
- cushion — sawna
- vase — p'uñu
- sofa — sufa
- remote control — kuntrul remoto

carpet
pampa mast'ana

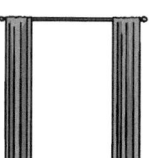

curtain
arapa

table
jamp'ara

chair
tiyana

rocking chair
chhuku tiyana

armchair
kirana

book
p'anqa

blanket
mast'a

decoration
t'ikanchay

firewood
llamt'a

film
pelikula

hi-fi equipment
takina ekipu

key
ch'atana

newspaper
mit'awa

painting
llimp'i

poster
poster

radio
wayra simi

notepad
qillqana p'anqa

hoover
aspiradora

cactus
pukru

candle
ispilma

living room - k'illi wanlla

kitchen
wayk'una wasi

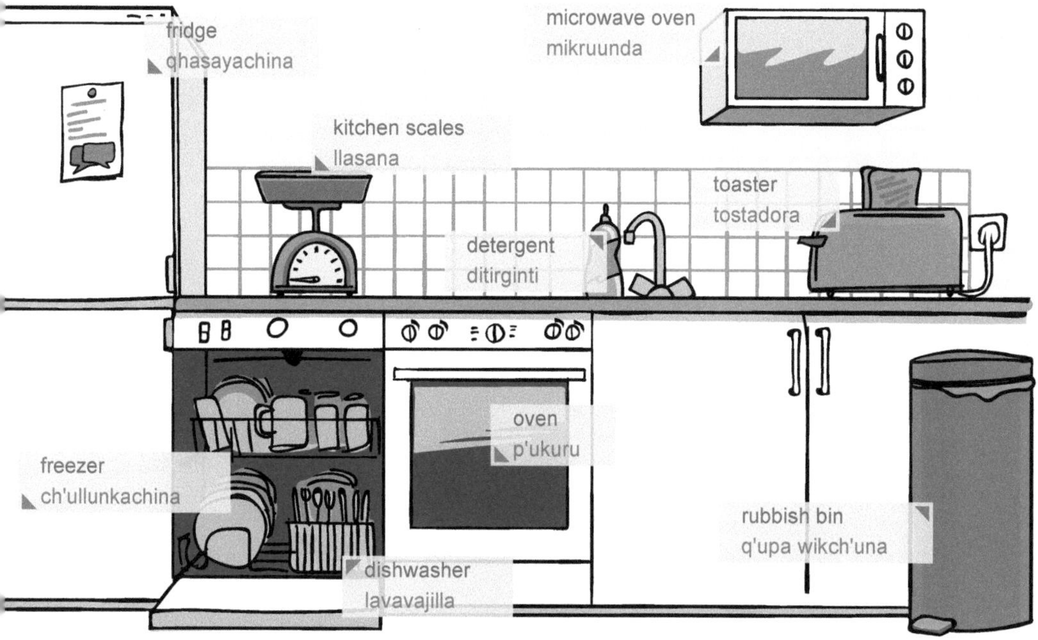

- fridge — qhasayachina
- microwave oven — mikruunda
- kitchen scales — llasana
- toaster — tostadora
- detergent — ditirginti
- oven — p'ukuru
- freezer — ch'ullunkachina
- rubbish bin — q'upa wikch'una
- dishwasher — lavavajilla

cooker
presiun manka

pot
manka

cast-iron pot
q'illa manka

wok / kadai
wok

pan
payla

kettle
thimpuchina

	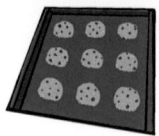	
steamer	baking tray	crockery
wapsina	p'ukuru punku	vajilla

mug	bowl	chopsticks
tasa	tason	palillo

ladle	spatula	whisk
wislla	phusuqa urquna	qaywina

strainer	sieve	grater
isanka	suysuna	thupana

mortar	barbecue	open fire
kutana	kawitu	nina jap'ichina

kitchen - wayk'una wasi

chopping board
k'ullu kuchunapaq

rolling pin
tuquru

corkscrew
sacacurchu

can
lata

can opener
lata kichana

pot holder
jap'ina

sink
chuwa mayllana

brush
sipillu

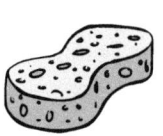

sponge
ispunja

blender
watidora

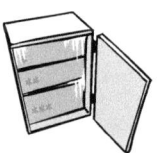

deep freezer
ch'ullunkachina

baby bottle
biberon

tap
grifo

kitchen - wayk'una wasi

bathroom
akana wasi

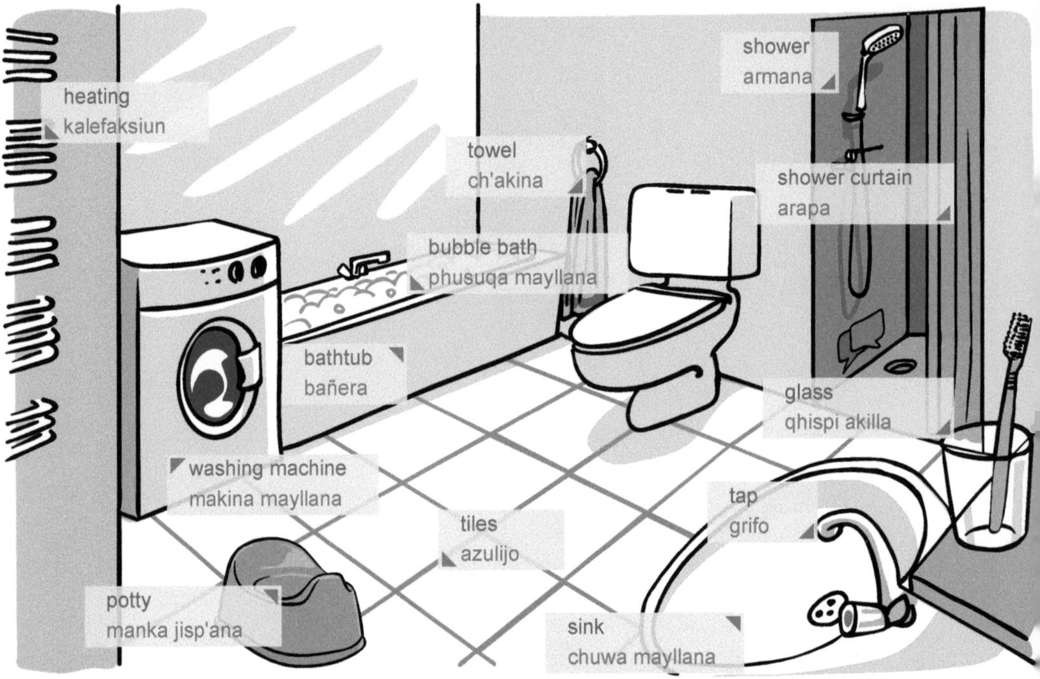

- heating — kalefaksiun
- shower — armana
- towel — ch'akina
- shower curtain — arapa
- bubble bath — phusuqa mayllana
- bathtub — bañera
- glass — qhispi akilla
- washing machine — makina mayllana
- tiles — azulijo
- tap — grifo
- potty — manka jisp'ana
- sink — chuwa mayllana

toilet
akana

squat toilet
yakupaka

bidet
bidet

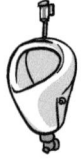

urinal
jisp'ana

toilet paper
papel higieniku

toilet brush
water pichana

toothbrush
kiru khituna

toothpaste
kiru pasta

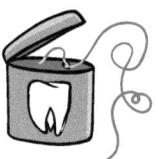

dental floss
kiru q'aytu

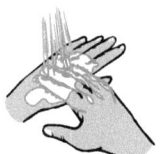

wash
mayllay

handheld shower
armana makiwan

douche
armana

basin
pila

back brush
wasa cepillo

soap
t'arta

shower gel
llukllu armanapaq

shampoo
champu

flannel
ch'akina

drain
ch'chi yaku wikch'una

cream
krima

deodorant
kuntu wayllak'upaq

bathroom - akana wasi

mirror
qhispi

hand mirror
qhawakunaqhispi

razor
mumikuna

shaving foam
phusuqu mumikunapaq

aftershave
lusiun mumikunapaq

comb
sikrana

brush
kuiru khituna

hair dryer
sekadora

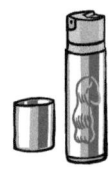

hairspray
ispray

makeup
makillaji

lipstick
simi llimp'ina

nail varnish
llimp'i sillu

cotton wool
ampi

nail scissors
sillu k'utuna

perfume
untu

bathroom - akana wasi

washbag
wayaqa ch'usanapaq

stool
chukuna

weighing scale
aysana

bathrobe
bata

rubber gloves
maki wayaqa gumamanta

tampon
tampon

sanitary towel
raphi ch'akina

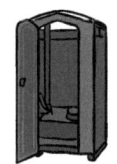

chemical toilet
akanapaq tiyana kimiku

bathroom - akana wasi

child's room

wawa k'uchu

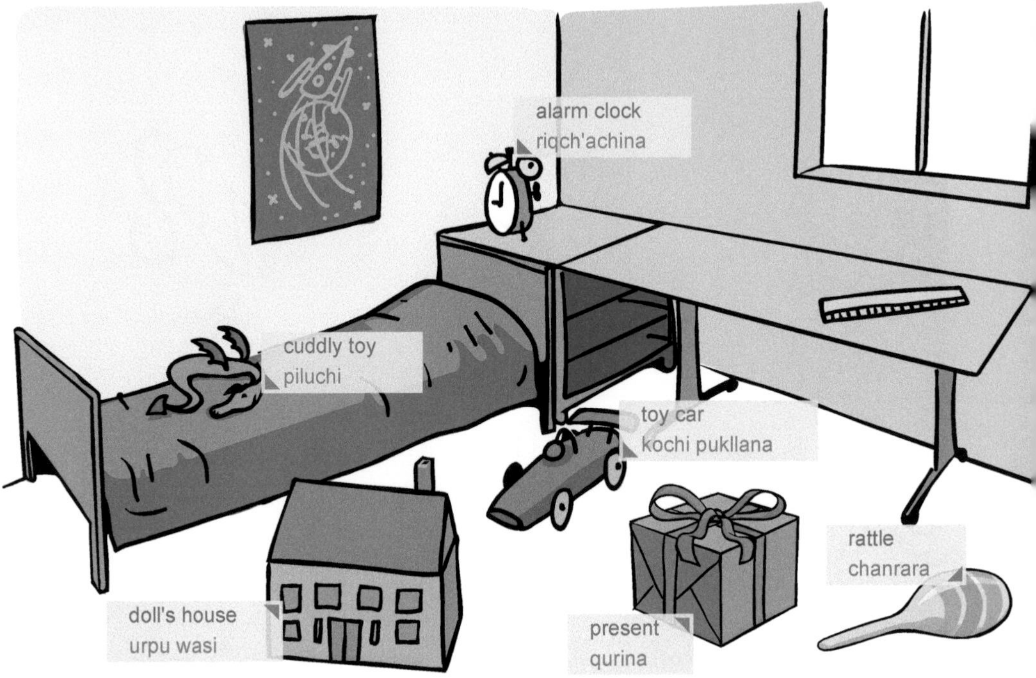

alarm clock
riqch'achina
cuddly toy
piluchi
toy car
kochi pukllana
rattle
chanrara
doll's house
urpu wasi
present
qurina

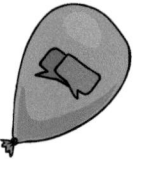

balloon

phuyu phuku

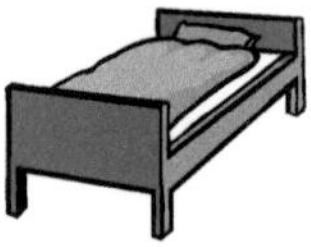

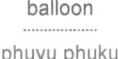

bed

puñuna

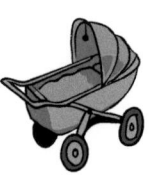

pram

wawa kochi

deck of cards

naypi

jigsaw

pusli

SUPER
MEGA

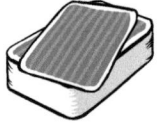

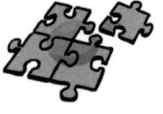

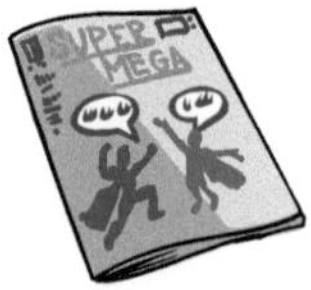

comic

riwista

lego bricks
legukuna

building blocks
wluki pukllana

action figure
figura aksionmanta

babygrow
wuri wawapaq

frisbee
friswi

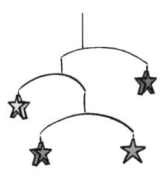
mobile
wawa marq'a

board game
jamp'ara pukllana

dice
dado

model train set
trin iliktriko purina

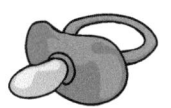
dummy
maniki

party
raymi

picture book
futu p'anqa

ball
p'ulu

doll
urpu

play
pukllay

child's room - wawa k'uchu

sandpit
t'iyu p'utaki

swing
wallunk'a

toys
pukllana

video game console
wiriukunsula

tricycle
trisiklu

teddy bear
jukumari pukllana

wardrobe
p'acha jallch'ana

clothing
p'acha

socks
chakiwayaqa

stockings
chakiwayaqa qharipaq

tights
chakiwayaqa

clothing - p'acha

body
wuri

trousers
pantalu kurtu

jeans
wakiru

skirt
arphi

blouse
wulusa

shirt
kamisa

pullover
chumpa

hoodie
chumpa

blazer
blazer

jacket
chakita

coat
qhata

raincoat
yawardina

costume
traji

dress
wistiru

wedding dress
wistiru nowiamanta

clothing - p'acha

suit
traji

nightgown
kamisun

pyjamas
piyama

sari
sari

headscarf
wandana

turban
turbante

burqa
burka

kaftan
kaftan

abaya
abaya

swimsuit
traje mayllakunapaq

trunks
p'acha mayllakunpaq

shorts
kurtu

tracksuit
p'acha tukuy p'unchawpaq

apron
dilantal

gloves
makiwayaqa

button
ch'itana

glasses
gafakuna

bracelet
maki watana

necklace
wallqa

ring
siwi

earring
linri quri

cap
q'aspa

coat hanger
p'acha warkhuna

hat
chharara

tie
kurbata

zip
pantalu wisk'ana

helmet
kasku

braces
tirantikuna

school uniform
uniforme

uniform
uniformi

48   clothing - p'acha

bib
llawsanapaq

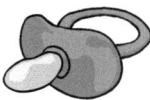
dummy
maniki

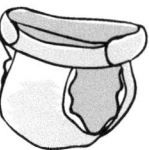
nappy
jananta

office
ujisina

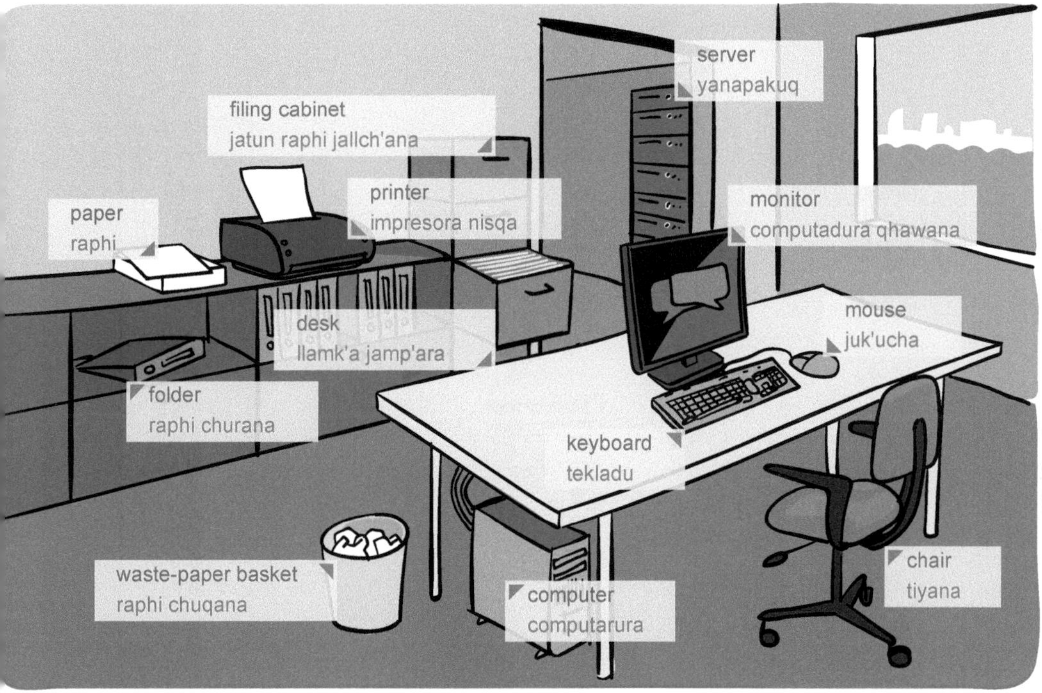

- server — yanapakuq
- filing cabinet — jatun raphi jallch'ana
- printer — impresora nisqa
- paper — raphi
- monitor — computadura qhawana
- desk — llamk'a jamp'ara
- mouse — juk'ucha
- folder — raphi churana
- keyboard — tekladu
- waste-paper basket — raphi chuqana
- computer — computarura
- chair — tiyana

coffee mug
tasa cajimanta

calculator
calcularura

internet
intirnit

laptop
laptop

letter
chaki qillqa

message
willachiy

mobile
silular

network
red

photocopier
futukopia

software
software

telephone
tilijunu

plug socket
toma corriente

fax machine
faks

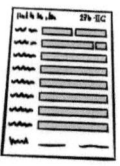
form
jurmulario

document
asuy qillqa

economy
qullqikamay

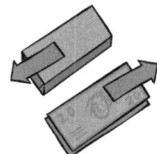
buy
ranqhay

pay
qupuy

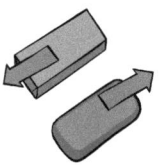
trade
ranqhay

money
qullqi

dollar
dólar qullqi

euro
iwro qullqi

yen
yen qullqi

rouble
ruwlu qullqi

Swiss franc
juranku swisu qullqi

renminbi yuan
rinminwi qullqi

rupee
rupia qullqi

cashpoint
kajiru awtumatiku

bureau de change
qullqi rantina wasi

gold
quri

silver
qullqi

oil
pitruliu

energy
kallpa

price
yupa

contract
mink'ay

tax
impuistu

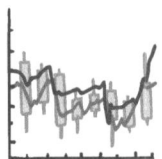

stock
aksiun

work
llamk'ay

employee
llamk'achiq

employer
llamk'achiq

factory
puquchiy kiti

shop
tienda

occupations
llamk'aykuna

police officer — ajinti policiamanta
fireman — wumwiru
cook — wayk'uq
doctor — jampi kamayuq
pilot — pilutu

gardener
inkill kamayuq

carpenter
llaqllaykamayuq

seamstress
siraykamayuq

judge
khuskachaq

chemist
jampi ranqhaq

actor
aranwaq

occupations - llamk'aykuna

bus driver
awtuwus q'iwiq

taxi driver
taksi q'iwiq

fisherman
challwakamayuq

cleaning lady
pichaq

roofer
wasip qhatan

waiter
wayna yanapaq

hunter
chakuykamayuq

painter
llimp'iq

baker
t'antiri

electrician
iliktrisista

builder
llam'kaq

engineer
k'llikacha

butcher
ñak'aq

plumber
yaku kamayuq

postman
qillqa apaq

occupations - llamk'aykuna

soldier
awqakuq

architect
wasikamayuq

cashier
kajiru

florist
t'ikachaq

hairdresser
chukcharutuq

conductor
q'iwichiq

mechanic
mikaniku

captain
wamink'a

dentist
kirukamayuq

scientist
jamawt'a

rabbi
rawinu

imam
k'askachimuq

monk
munji

clergyman
tata kura

occupations - llamk'aykuna

tools
ruk'awi

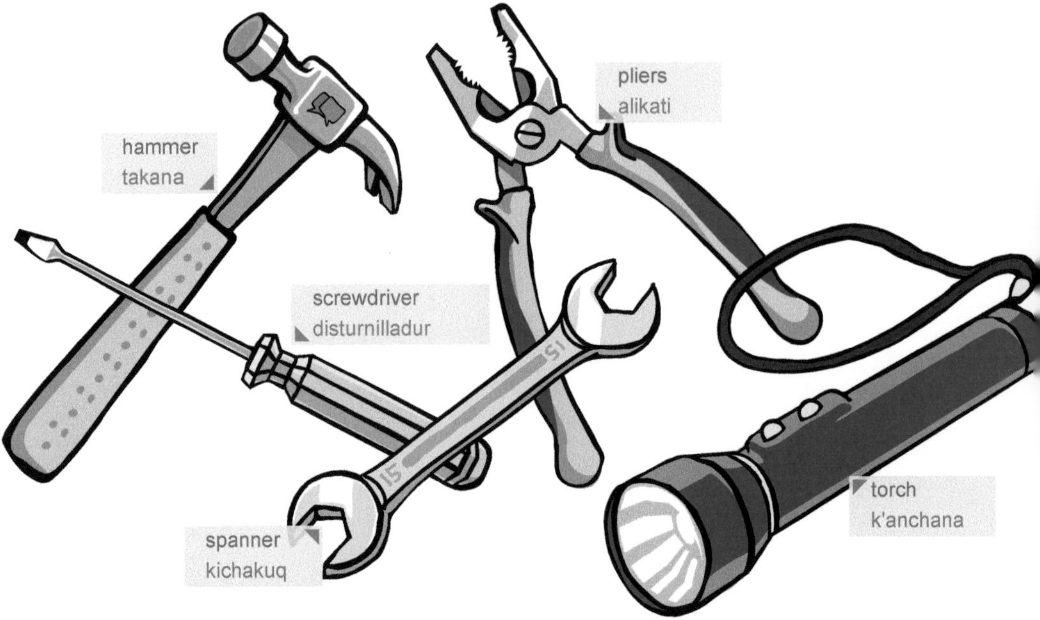

hammer — takana

pliers — alikati

screwdriver — disturnilladur

spanner — kichakuq

torch — k'anchana

digger
ikskawadura

toolbox
ruk'awi p'uktaki

ladder
wichana makiyuq

saw
sierra

nails
takarpu

drill
talaru

repair
allinchay

shovel
lampa

Damn!
¡Supay apachun!

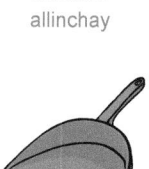
dustpan
q'upa tantana

paint pot
llimp'i churana

screws
turnillukuna

musical instruments
takichiy nakuna

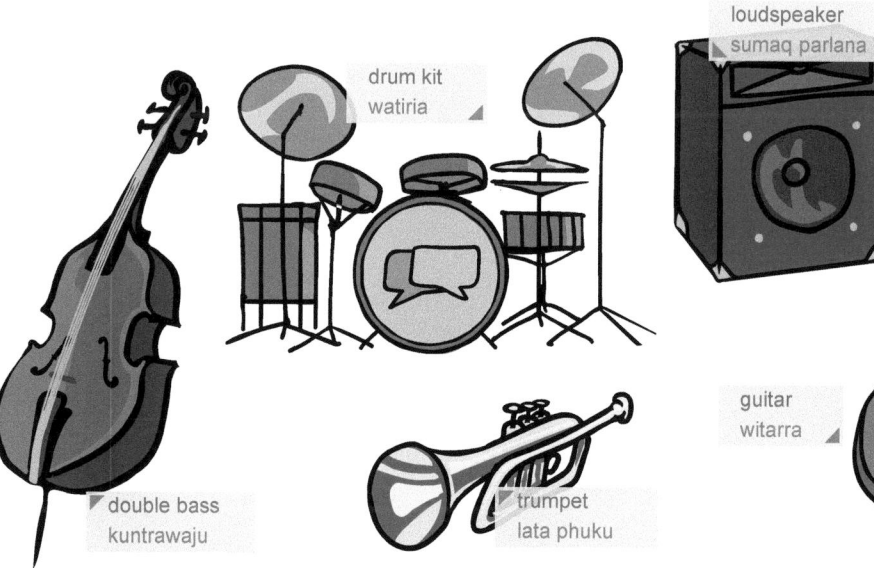

drum kit — watiria

loudspeaker — sumaq parlana

guitar — witarra

double bass — kuntrawaju

trumpet — lata phuku

piano
pianu

violin
wiulin

bass
waju

timpani
tinwalis

drums
wankar

keyboard
tikladu

saxophone
saksu

flute
phukuna

microphone
mikrufunu

musical instruments - takichiy nakuna

ZOO
jatun uywa kancha

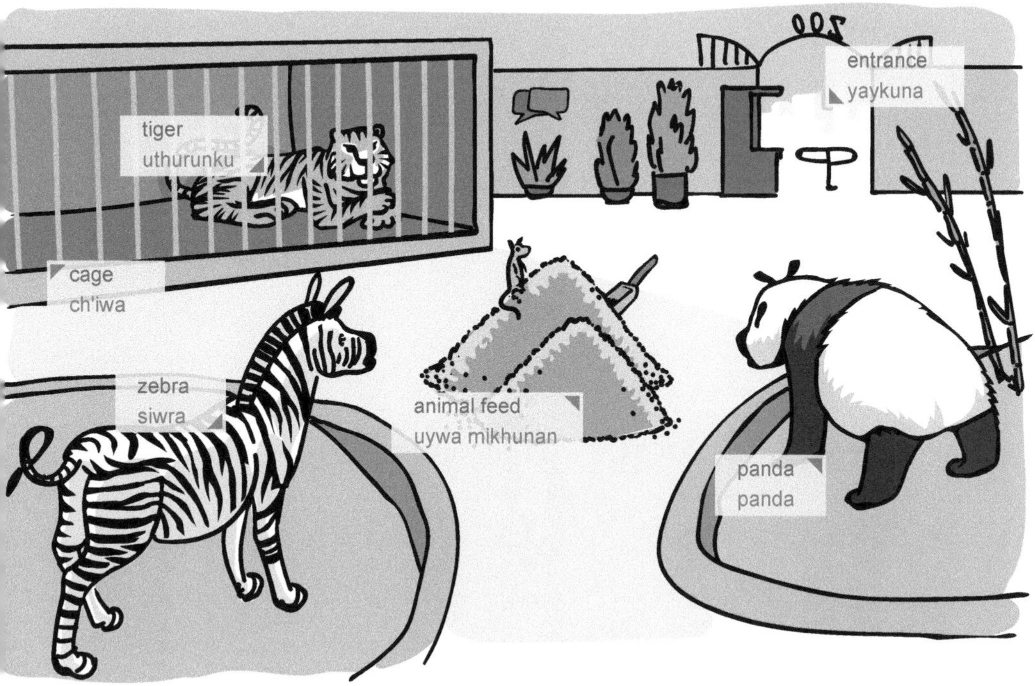

- tiger — uthurunku
- entrance — yaykuna
- cage — ch'iwa
- zebra — siwra
- animal feed — uywa mikhunan
- panda — panda

animals
uywa

elephant
ilijanti

kangaroo
kanguru

rhino
rinusirunti

gorilla
gurila

bear
jukumari

camel
kamillu

ostrich
suri

lion
puma

monkey
k'usillu

flamingo
pariwana

parrot
q'ichichi

polar bear
pular jukumari

penguin
pinwinu

shark
tiwurun

peacock
pawu

snake
katari

crocodile
kukuwurilu

zookeeper
jatun uywa kancha arariwa

seal
fuka

jaguar
uthurunku

zoo - jatun uywa kancha

pony
puni

leopard
lliwpardu

hippo
hipuputamu

giraffe
jirafa

eagle
anka

boar
sintiru

fish
challwa

turtle
turtuga

walrus
mursa

fox
atuq

gazelle
gacila

zoo - jatun uywa kancha

sports
atipanaku pukllay

football
papawki pukllay

badminton
watmintun

athletics
lanlak

handball
kakcha

skiing
iski

polo
pulu

activities
ruwakuna

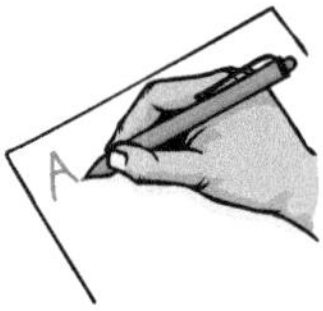

jump — phinkiy
laugh — asiy
hug — mak'alliy
walk — puriy
sing — takiy
pray — mañakuy
kiss — much'ay
dream — musquy

write
qillqay

draw
t'iktuy

show
qhawachiy

push
tanqay

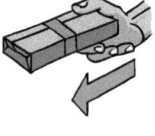

give
quy

take
uqhariy

activities - ruwakuna

have
yuq

do
ruway

be
kay

stand
sayay

run
t'ijuy

pull
chuqay

throw
chuqay

fall
urmay

lie
siriy

wait
suyay

carry
apay

sit
chukuchiy

get dressed
p'achachakuy

sleep
puñuy

wake up
rikch'ay

activities - ruwakuna

look at	cry	stroke
qhaway	waqay	waylluy

comb	talk	understand
sikray	rimay	unanchay

ask	listen	drink
tapuy	uyariy	upyay

eat	tidy up	love
mikhuy	kamachiy	khuyay

cook	drive	fly
wayk'uy	q'iwiy	phaway

activities - ruwakuna

sail
wamp'uy

calculate
yupanchay

read
ñawiriy

learn
yachay

work
llamk'ay

marry
sawaray

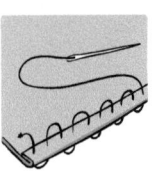
sew
siray

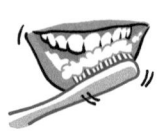
brush teeth
kiru khitukuy

kill
wanchiy

smoke
pitay

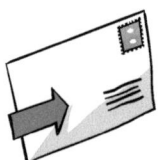
send
kachay

activities - ruwakuna

family
yawar masikuna

- grandmother — jatun mama
- grandfather — jatun tata
- father — tata
- mother — mama
- baby — wawa
- daughter — warmi wawa/ ususi
- son — qhari wawa/ churin

guest
jamuynisqa

aunt
ipa

uncle
kaki

brother
tura/wawqi

sister
ñaña/pana

body
uqhu

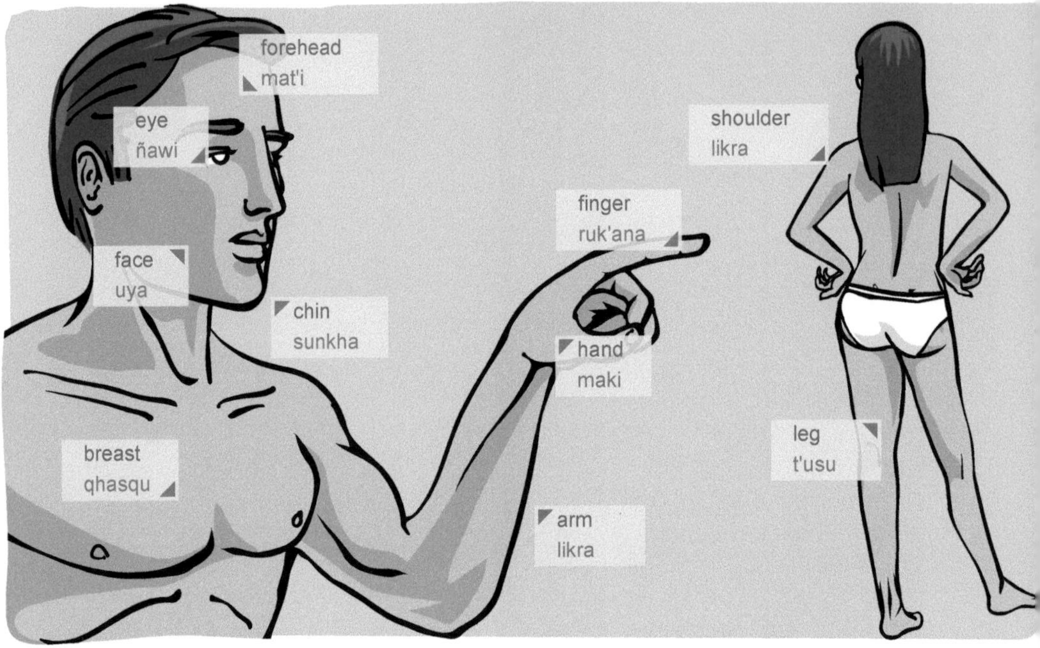

- forehead — mat'i
- eye — ñawi
- face — uya
- chin — sunkha
- breast — qhasqu
- finger — ruk'ana
- hand — maki
- arm — likra
- shoulder — likra
- leg — t'usu

baby
wawa

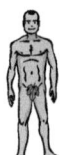
man
qhari

woman
warmi

girl
sipas

boy
yuqalla

head
uma

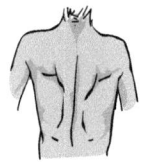

back
wasa

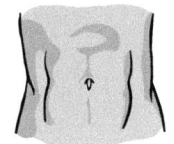

belly
wisa ukhu

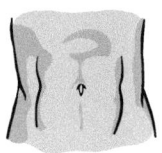

belly button
pupu

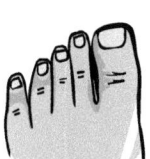

toe
ruk'ana

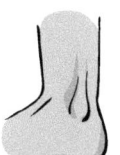

heel
takillpa

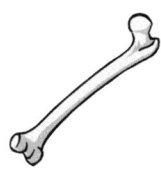

bone
tullu

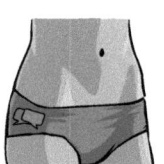

hip
chaka

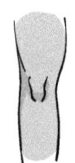

knee
muqu

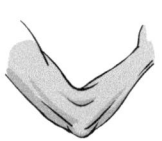

elbow
maki muqu

nose
sinqa

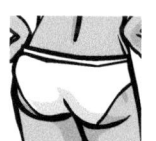

bottom
siki

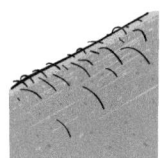

skin
qara

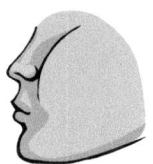

cheek
k'aqlla

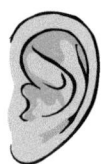

ear
linri

lip
sipri

body - uqhu

mouth
simi

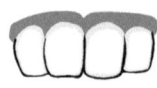

tooth
kiru

tongue
qallu

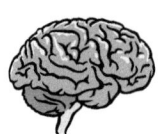

brain
ñuqtu

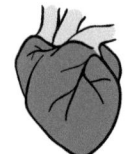

heart
sunqu

muscle
mach'i

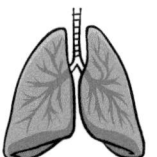

lung
surq'an

liver
k'iwicha

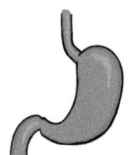

stomach
wisa

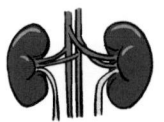

kidneys
wasa ruru

sex
lluq'anaku

condom
condon

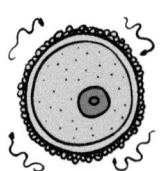

ovum
ch'uytu

semen
yuma

pregnancy
wiksayuq kay

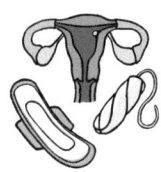

menstruation

k'ikuy

vagina

rakha

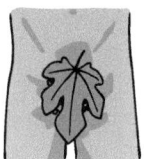

penis

ullu

eyebrow

qhichira

hair

chukcha

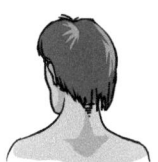

neck

kunka

hospital
Jampina wasi

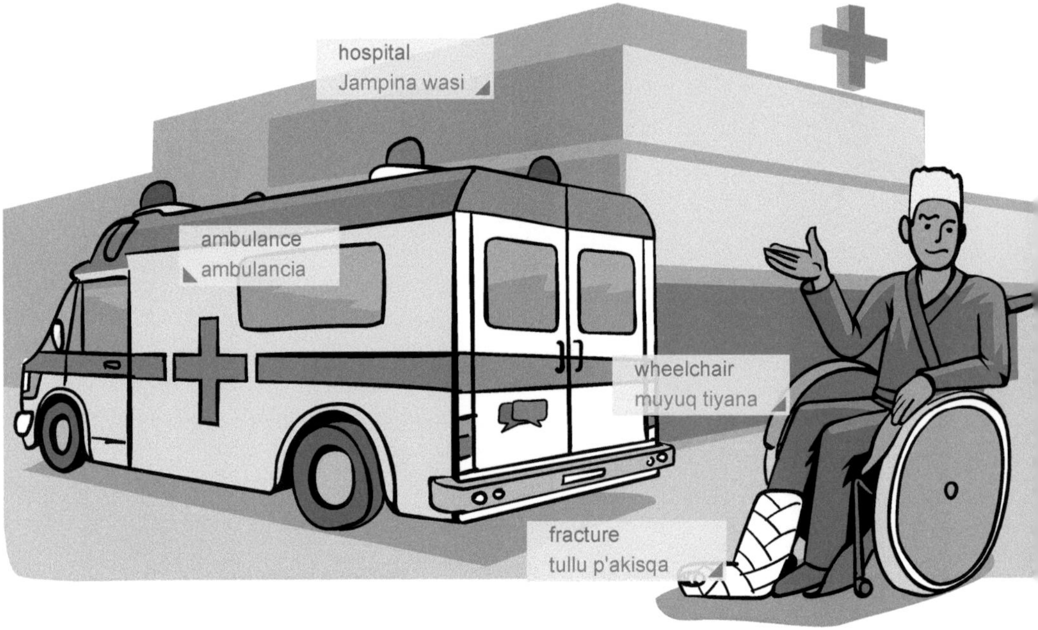

- hospital / Jampina wasi
- ambulance / ambulancia
- wheelchair / muyuq tiyana
- fracture / tullu p'akisqa

doctor
jampi kamayuq

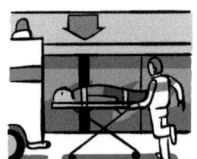

emergency room
urgencia wasi

nurse
jampi yanapaq

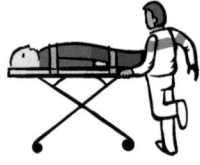

emergency
urjinsia

unconscious
mana yuyayniyuqchu

pain
nanay

injury
ñuti

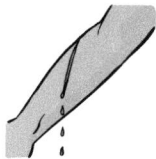
bleeding
sirk'ay

heart attack
infarto

stroke
wayra

allergy
millachikuq

cough
ch'uju

fever
k'aja unquy

flu
p'urqi

diarrhoea
q'icha

headache
uma nanay

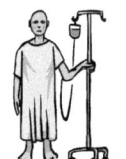
cancer
isqu unquy

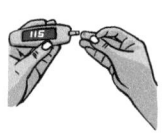
diabetes
diyawitis

surgeon
jampi kamayuq

scalpel
bisturi

operation
upirasiun

hospital - Jampina wasi

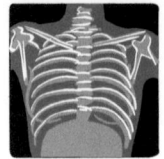
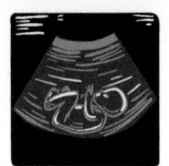

CT — TAC
x-ray — tullurikuchi
ultrasound — ultrasunidu

face mask — jark'ana
disease — unquy
waiting room — suyanapaq k'illi wanlla

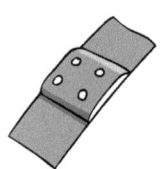

crutch — tawna
plaster — tinta
bandage — manku

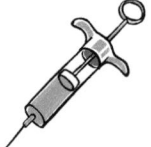
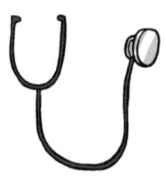
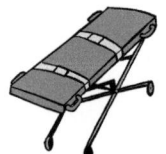

injection — inyiksiun
stethoscope — istituskupiu
stretcher — kallapu

clinical thermometer — llaphi tupuna tupu
birth — paqarisqa
overweight — wirachasqa

hospital - Jampina wasi

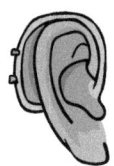
hearing aid
audifono

disinfectant
disinjiktanti

infection
q'iyacha

virus
miyu

HIV / AIDS
VIH / SIDA

medicine
jampi

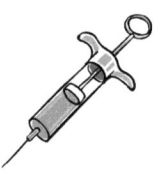
vaccination
wakuna

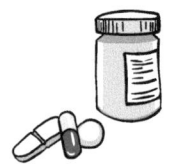
tablets
tawlitakuna

pill
pastilla

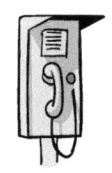
emergency call
usqay waqyana

blood pressure monitor
tinsiumitru

ill / healthy
unqusqa / qhali

emergency
urjinsia

Help!	alarm	assault
¡Yaw!	alarma	manchay
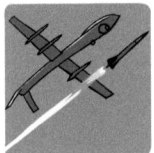		
attack	danger	emergency exit
waykha	chhiki	punku utqay lluqsinapaq

Fire!	fire extinguisher	accident
¡Nina!	nina wañichiq	ñak'ariy

first-aid kit	SOS	police
botiquin de primeros auxilios	SOS	pulisiya

Earth
Pacha

Europe
Iwrupa

North America
Chincha Amerika

South America
Qulla Amerika

Africa
Ajurika

Asia
Asia

Australia
Awstralia

Atlantic
Atlantiku

Pacific
Pasijiku

Indian Ocean
Indiku mama qucha pacha

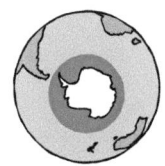
Antarctic Ocean
Antartiku mama qucha pacha

Arctic Ocean
Artiku mama qucha pacha

North Pole
chincha pulu

Earth - Pacha

South Pole
qulla pulu

Antarctica
Antartida

Earth
Pacha

land
jallp'a

sea
mama qucha

island
tara

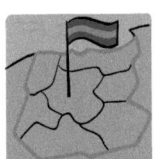
nation
llaqta

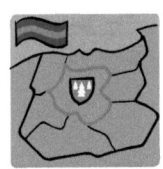
state
Suyu

clock
phani (kuna)

clock face

muruq'u

hour hand

phani tuqsiq

minute hand

chininiq

second hand

ch'ipu yupaq

What time is it?

¿Ima phanitaq?

day

p'unchaw

time

pacha

now

kunan

digital watch

dijital inti watana

minute

chinini

hour

phani

week
qanchischaw

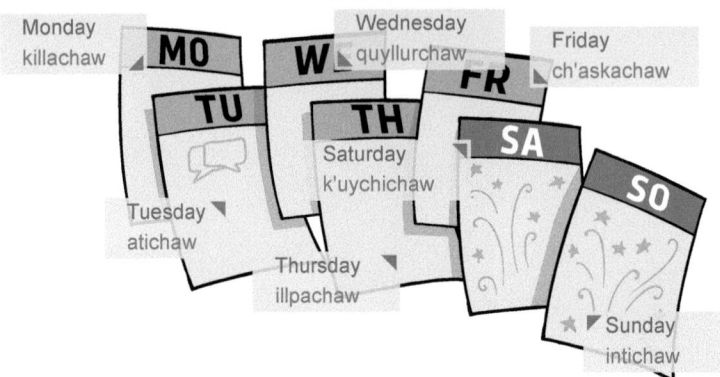

Monday — killachaw
Tuesday — atichaw
Wednesday — quyllurchaw
Thursday — illpachaw
Friday — ch'askachaw
Saturday — k'uychichaw
Sunday — intichaw

yesterday
qayna

today
kunan

tomorrow
p'unchaw

morning
p'unchaw

noon
chawpi p'unchaw

evening
sukha

business days
llamk'ana p'unchawkuna

weekend
tukuq qanchischawnin

year

wata

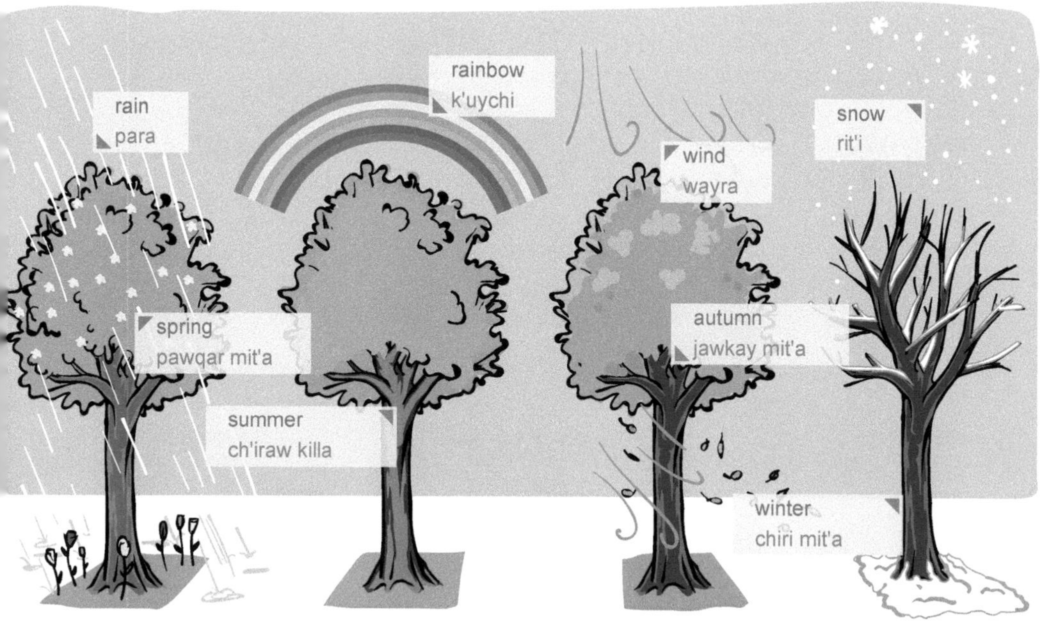

rain
para
rainbow
k'uychi
wind
wayra
snow
rit'i
spring
pawqar mit'a
summer
ch'iraw killa
autumn
jawkay mit'a
winter
chiri mit'a

4.APRIL 11°
5.APRIL 4°
6.APRIL 13°
7.APRIL 8°
8.APRIL 10°

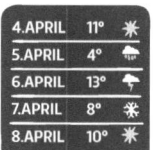

weather forecast

inti raki

F C
120 40
90 30
60 20
30 10
0 0
-30 -10
-20

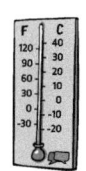

thermometer

tirmumitru

sunshine

inti

cloud

phuyu

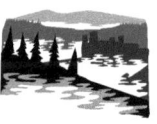

fog

phuyu

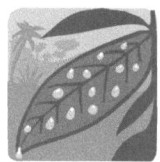

humidity

juq'u

lightning
illapa

thunder
illapa

storm
tamya

hail
chikchi

monsoon
muyuq wayra

flood
lluqlla

ice
chullunka

January
qhaqmiy killa

February
jatunpuquy killa

March
pachapuquy killa

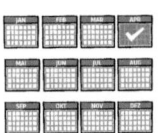
April
ariwaki killa

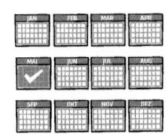
May
aymuray killa

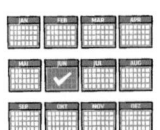
June
jawkaykuskuy killa

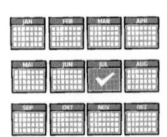
July
chakrakunakuy killa

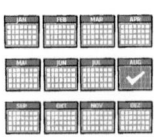
August
chakraypuy killa

year - wata

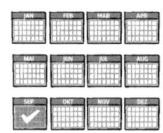
September
tarpuy killa

October
pawqarwara killa

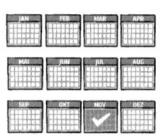
November
ayamarq'ay killa

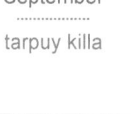
December
qhapaq inti raymi killa

shapes
pacha tupusqa rikch'ay

circle
muyu yupa

square
tawak'uchu yupa

rectangle
sayt'u yupa

triangle
kimsa k'uchu yupa

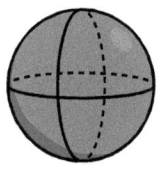
sphere
muruq'u

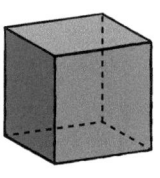
cube
yupa wayru

colours
llimp'ikuna

white
yurak

yellow
q'illu

orange
willapi

pink
panti

red
puka

purple
kulli

blue
anqas

green
q'umir

brown
ch'umpi

grey
uqi

black
yana

opposites
wakjinakuna

a lot / a little
achkha / pisi

angry / calm
phiña / qhasi

beautiful / ugly
k'acha / millay

beginning / end
qallariy / tukuy

big / small
jatun / juch'uy

bright / dark
sut'i / tuta

brother / sister
wawqi / pana

clean / dirty
llimphu / ch'ichi

complete / incomplete
junt'asqa / mana junt'asqa

day / night
p'unchaw / tuta

dead / alive
wañusqa / kawsaq

wide / narrow
chhuqu / k'ichki

edible / inedible

mikhunapaq / mana mikhunapaqchu

evil / kind

sakra / k'acha

excited / bored

kusisqa / majisqa

fat / thin

rakhu / tullu

first / last

ñawpaq / qhipa

friend / enemy

masi / awqa

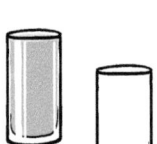

full / empty

junt'a / ch'in

hard / soft

k'urki / llamp'u

heavy / light

llasa / chhalla

hunger / thirst

yarqhay / ch'akiy

ill / healthy

unqusqa / qhali

illegal / legal

chanin / mana chanin

intelligent / stupid

yuyaysapa / upa

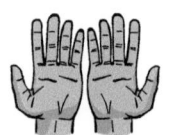

left / right

lluq'i / paña

near / far

qaylla / karu

new / used

musuq / mawk'a

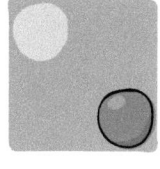

nothing / something

ch'usaq / imapis

old / young

machu / wayna

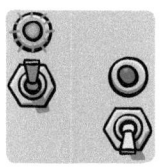

on / off

jap'isqa / wanchisqa

open / closed

kichasqa / wisq'asqa

quiet / loud

ch'in / ch'aqwa

rich / poor

qhapaq / wakcha

right / wrong

chiqan / mana chiqan

rough / smooth

qhachqa / llamp'u

sad / happy

llakisqa / kusi

short / long

k'aka / karu

slow / fast

jayra / utqay

wet / dry

juq'u / ch'aki

warm / cool

rupha / chiri

war / peace

awqay / sunqu tiyakuy

numbers
yupaykuna

0 zero — ch'usak

1 one — uk

2 two — iskay

3 three — kimsa

4 four — tawa

5 five — phichqa

6 six — suqta

7 seven — qanchis

8 eight — pusaq

9 nine — jisq'un

10 ten — chunka

11 eleven — chunka ukniyuq

12

twelve

chunka iskayniyuq

13

thirteen

chunka kimsayuq

14

fourteen

chunka tawayuq

15

fifteen

chunka phichkayuq

16

sixteen

chunka suqtayuq

17

seventeen

chunka qanchisniyuq

18

eighteen

chunka pusaqniyuq

19

nineteen

chunka jsq'unniyuq

20

twenty

iskay chunka

100

hundred

pacha

1.000

thousand

waranqa

1.000.000

million

junu

languages
simikuna

English
inklis simi

American English
amerikanu inklis simi

Chinese Mandarin
mandarin chinu simi

Hindi
jindi simi

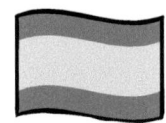
Spanish
castilla simi

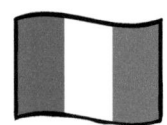
French
fransis simi

Arabic
arabia simi

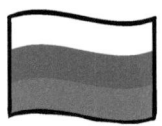
Russian
rusia simi

Portuguese
purtugal simi

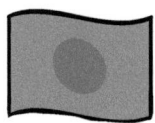
Bengali
bingali simi

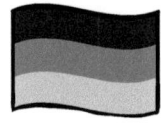
German
alimania simi

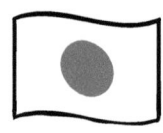
Japanese
japun simi

who / what / how
pi / ima / imayna

I
ñuqa

you
qam

he / she / it
pay / pay / chay

we
ñuqanchik

you
qamkuna

they
paykuna

who?
¿pitaq?

what?
¿imataq?

how?
¿imaynataq?

where?
¿maypitaq?

when?
¿mayk'aq?

name
suti

where
maypi

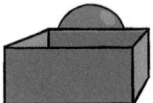

behind

qhipa

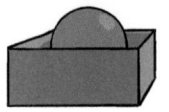

in

pi

in front of

ñawpaq

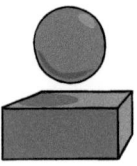

over

pantanpi

on

pata

under

uranpi

beside

kuska

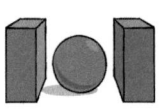

between

chawpi

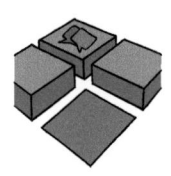

place

chiqan